SCHWANGER SEIN
Ist für nen guten Zweck

MEHR ALS 100 DINGE, DIE DU UNBEDINGT ALS SCHWANGERE MACHEN SOLLTEST

AUDREY STEPHENS

Autorin: Audrey Stephens

Lektorat: Eva Fischer

ISBN Taschenbuch: 978-3-98591-001-4

Mandelun GmbH

Hindenburgstraße 26

Erlangen, 91054

Verkauf und Druck: Amazon Media EU S.à r.l., 5 Rue Plaetis, L- 2338, Luxembourg

Bibliografische Information der Deutschen Nationalbibliothek: Die Deutsche Nationalbibliothek verzeichnet diese Publikation in der Deutschen Nationalbibliografie; detaillierte bibliografische Daten sind im Internet über http://dnb.dnb.de abrufbar.

DIESE BUCKET LIST GEHÖRT

Ein Foto von meinem sexy schwangeren Arsch

ÜBER MICH:

WANN BIN ICH GEBOREN?

_ _ _ _ _ _ _ _ _

WANN HABE ICH HERAUSGEFUNDEN, DASS ICH SCHWANGER BIN?

_ _

WANN IST DER VORAUSSICHTLICHE GEBURTSTERMIN?

_ _. _ _. _ _ _ _

MEIN VERRÜCKTESTES ERLEBNIS:

Das mag ich an mir:

____

____

____

Das mag ich an mir nicht:

____

____

____

Die Schwangerschaft wird easy ☐

Die Schwangerschaft wird für mich eine tolle, aber auch anstrengende Erfahrung ☐

Du bist so Toll

Was kannst du erwarten:

1. Kreative Ideen für deine Zeit als Schwangere
2. Persönliche Entwicklung
3. Niemals Langeweile
4. Viel Spaß!

Hinweis: Diese Ideen sind größtenteils chronologisch nach deinen Trimestern aufgebaut. Allerdings können viele Ideen von hinten im Buch auch gerne für den Anfang deiner Schwangerschaft verwendet werden und andersherum. Mache, was du willst, wann du es willst!

Pflanze einen BAUM kurz vor der Geburt

So kannst du den Baum zusammen mit deinem Kind (auf)wachsen sehen!

☐

SCHWANGERSCHAFTSTAGEBUCH FÜHREN

JEDEN TAG BAUCH EINCREMEN ODER EINÖLEN

MACHE WÖCHENTLICH BABYBAUCHFOTOS UND KLEBE DIESE CHRONOLOGISCH IN EIN FOTOALBUM.

Entlüfte das Geschlecht deines Kindes auf einem kreativen Weg!

Hier ein paar Vorschläge:

1. Kuchen

Hier kaufst oder backst du einen Kuchen, der innen blau oder rosa gefüllt ist.

2. Song

Du suchst dir einen Song aus, der indirekt das Geschlecht deines Kindes entlüftet.

3. Ballons

Du kaufst dir 9 Ballons. Du befüllst 4 Ballons mit der Farbe des Geschlechts, das dein Baby nicht haben wird, und 5 befüllst du mit der Farbe des Geschlechts, das dein Baby tatsächlich haben wird. Diese klebst du gemischt an die Wand, sodass ihr sie zusammen als Familie einzeln platzen lassen könnt. So steigt die Spannung!

Wenn du das Geschlecht selbst auch erst bei der Entlüftung erfahren willst, dann beauftrage eine andere Person, diese zu organisieren.

Fragerunden

Es gibt insgesamt 3 Fragerunden. Jede Fragerunde ist am besten für ein Trimester geeignet. Allerdings können sie auch genauso später stattfinden.

Die Fragerunden sind dafür da, sich abends gemütlich hinzusetzen und sich von den Fragen inspirieren zu lassen.

Bereite mit deinem Partner einen gemütlichen Abend vor und sprecht zusammen die Fragen durch!

FRAGERUNDE 1

1. Wie fühlst du dich zurzeit?
2. Was liebst du zurzeit am meisten an deiner Schwangerschaft?
3. Welche Schwangerschaftssymptome sind bei dir am schlimmsten?
4. Was macht dein Partner, was dir sehr in deiner Schwangerschaft hilft?
5. Wie hilft dir deine Familie?
6. Was machst du seit der Schwangerschaft, was du vorher nicht gemacht hast?
7. Was machst du seit deiner Schwangerschaft nicht mehr, was du vorher gemacht hast?
8. Worauf freust du dich am meisten, wenn dein Kind da ist?
9. Worauf musst du ab jetzt verzichten?
10. Wie haben dieMenschen in deinem Leben reagiert, als du ihnen die tolle Nachricht verkündet hast?
11. Fühlst du dich von deinem Partner vollkommen unterstützt?
12. Sieht die Schwangerschaft anders aus als du es dir vorgestellt hast? Ist sie anders als du sie erwartet hast?

5 DEINER GRÖßTEN ÄNGSTE IN DEINER SCHWANGERSCHAFT:

1.
2.
3.
4.
5.

WAS IST DAS GEILSTE AM SCHWANGER-SEIN? TOP 5:

1.
2.
3.
4.
5.

DIESE 5 DINGE WILL ICH, ABER DARF ICH NICHT ESSEN:

1.
2.
3.
4.
5.

NIMM ALLE **WICHTIGEN ARZTTERMINE WAHR** ☐

ÜBERSICHT DEINER TERMINE:

Kleinkram bei eBay verkaufen ☐

In deiner Wohnung Platz machen, ausmisten und Dinge verkaufen ☐

☐ Kinderzimmer planen und gestalten

Urlaub

☐

The Evolution einer schwangeren Frau

Wie weit bist schon?

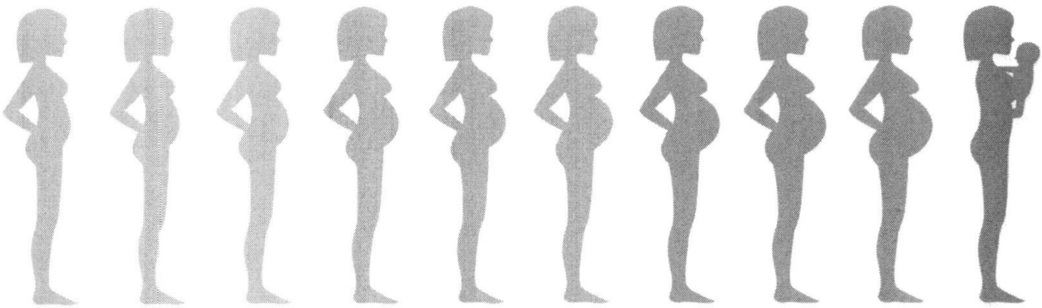

☐ Male die Frau aus, die deinem Fortschritt am meisten gleicht

Keine Sorge, aus dem Bauch kommt noch etwas ganz Süßes heraus geschlichen...

Tanzen gehen

☐

Raus aus dem Haus, du faule Nuss!

Mädelsabend

☐

ZUM FRISEUR GEHEN

☐

EIN PAAR FINDEN, DAS AUCH SCHWANGER IST UND AUF EIN DOPPELDATE GEHEN, UM SICH AUSZUTAUSCHEN

☐

EINE FREUNDIN FINDEN, DIE AUCH SCHWANGER IST UND SICH TREFFEN

Mit Pinterest die ganze Wohnung/das ganze Haus in Ordnung bringen

Lieblingsserie durchschauen (alleine oder zusammen) ☐

Mamablogs
durchlesen

☐

Neues Hobby beginnen:

1. Nähen
2. Stricken
3. Malen
4. Schreiben

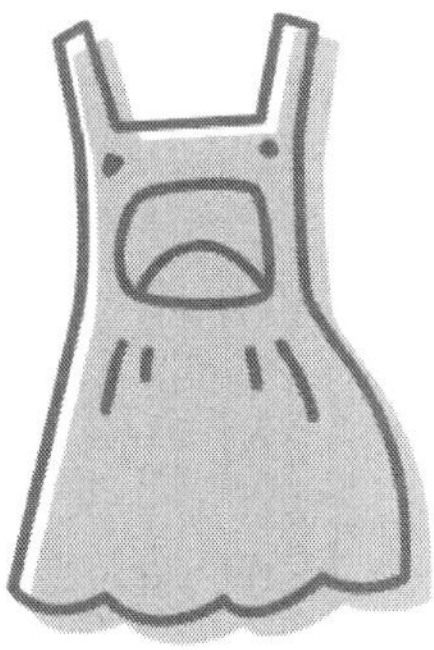

Deinem Kind ein Kleidungsstück selber nähen oder stricken

Werde zur **Autorin** und schreibe **ein Buch** über dein Leben bis jetzt

Vielleicht wird es ja zu einem Bestseller!

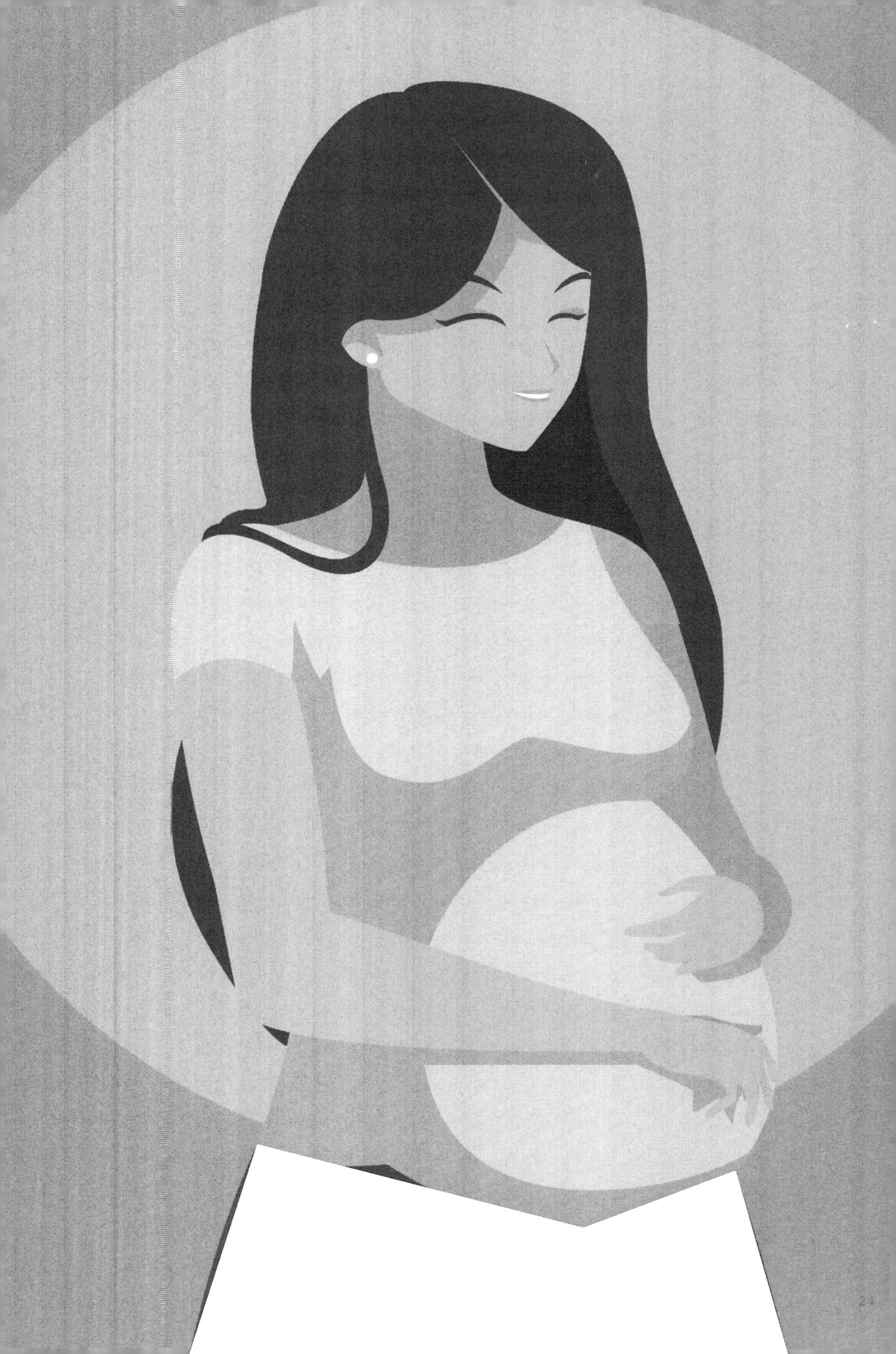

Ehrenamtlich aktiv werden

Gründe dein eigenes kleines Unternehmen

Verbringe einen Tag nur mit deinem Schatz!

☐

Stille genießen

Trage den ganzen Tag weiße Kleidung...

Lange wirst du sie nämlich nicht mehr genießen können!

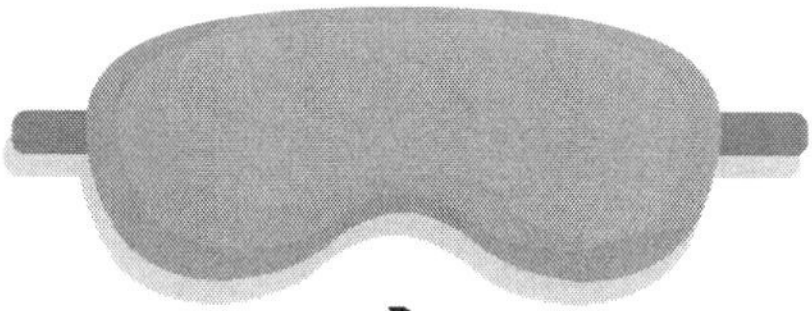

Ausschlafen

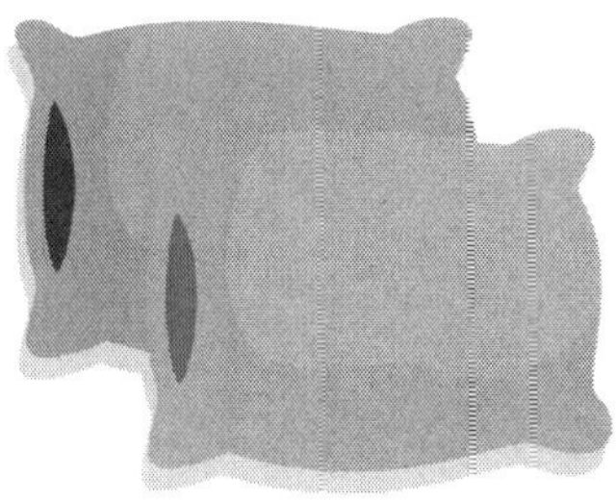

... bzw. versuche dein Bestes auszuschlafen

Kreiere einen eigenen alkoholfreien Cocktail

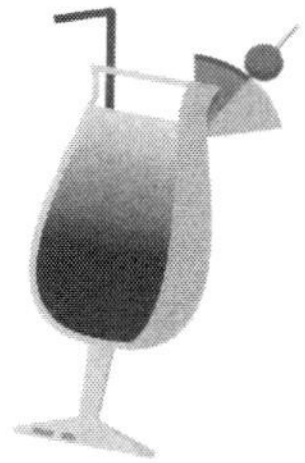

Zutaten

Zubereitung

Kreiere ein eigenes Kuchenrezept

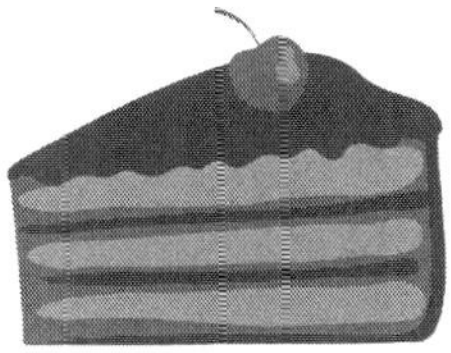

Zutaten

Zubereitung

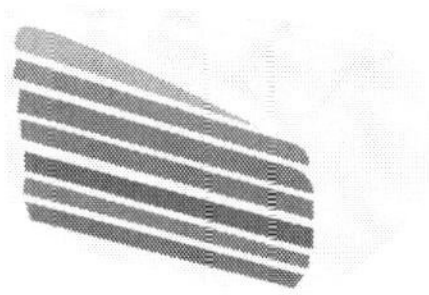

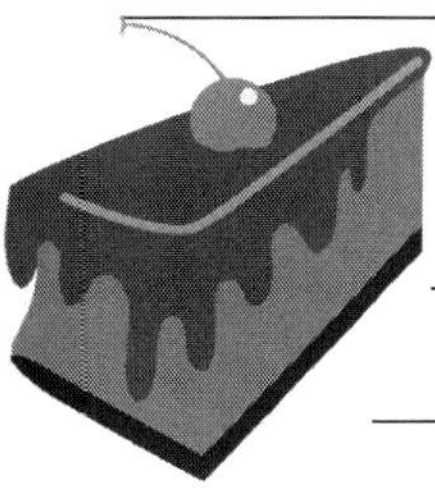

Ein Gastmahl mit vielen süßen Dingen machen, die du liebst

(natürlich außer den Dingen, die du nicht essen darfst)

Backe für deine Familie

LASS DICH VON **DEINEM PARTNER** MASSIEREN

☐

GÖNN DIR EINE **PROFESSIONELLE MASSAGE**

☐

SUCH DIR EINE **HEBAMME UND KLÄRE DEINE OFFENEN FRAGEN**

☐

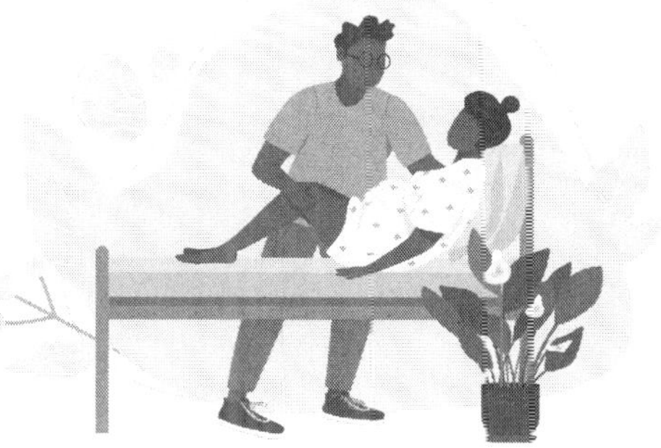

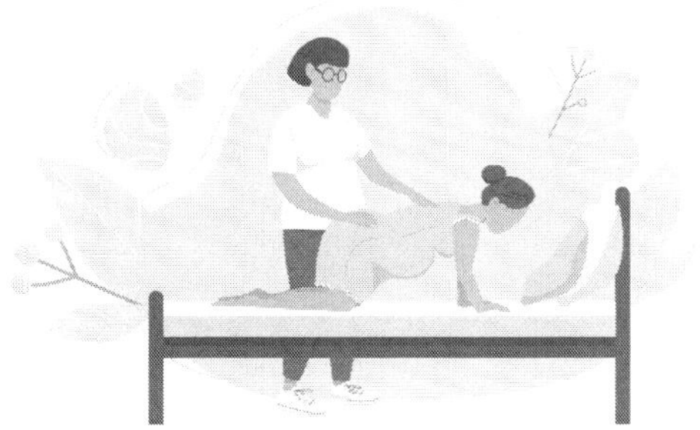

LANGWEILIG, ABER NOTWENDIG...

BEREITE ALLE FORMALITÄTEN UND ANTRÄGE VOR:

1. ANTRÄGE FÜR ELTERN- UND KINDERGELD ☐

2. FINANZPLANUNG ☐

3.

MUSTHAVES ☐

Stillkissen (Diese langen Dinger sind in der Nacht wundervoll.)

Jackenerweiterung

Ein Maßband für Bauchumfangmessung

Schwangerschaftstagebuch

BH-Verlängerung zum Einhacken oder aber im letzten Trimester ein Still-BH

Kuscheldecke mit Ärmeln

Leckerer Schwangerschaftstee

Ein paar Schwangerschaftsbücher für mehr Wissen

Musik für das Kind

Super angenehme Hausschuhe

Wohltuhendes Pflegeöl oder Creme für den Bauch

Diese komischen Hosen oder sehr dehnbare Leggings

Kompressionsstrümpfe

Gute BHs

Bequeme Schuhe

Ein Bauchgurt oder Bauchband

Bequeme Umstandsmode

Schlafmaske

Ingwer-Kaugummis gegen Morgenkrankheit

Das beste, weichste Toilettenpapier auf der Welt (du wirst nämlich viel davon gebrauchen...)

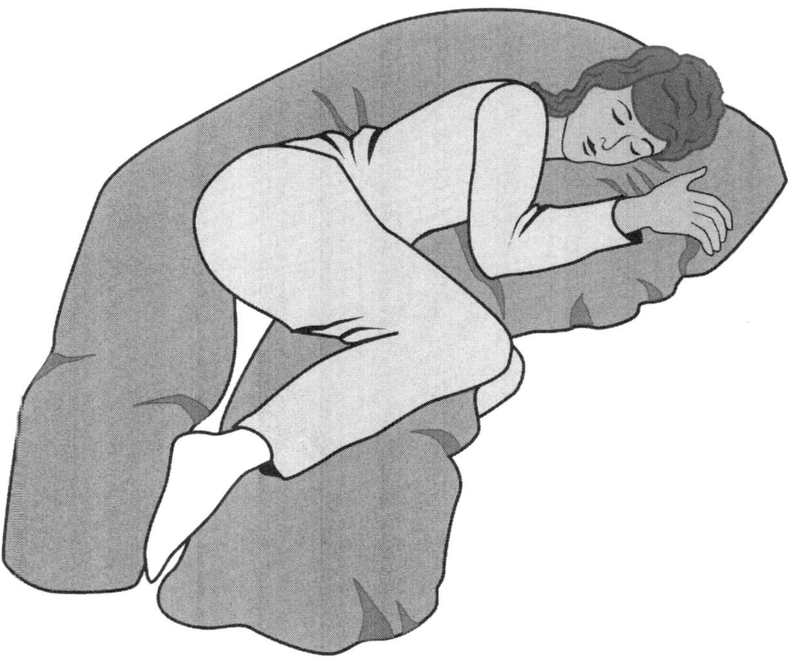

Ein individuelles, **selbsterstelltes Kochbuch** für alle leckeren Rezepte deiner Schwangerschaft

☐

Finde heraus, welche deiner Lieblingsrestaurants kinderfreundlich sind

☐

☐

Finde neue Restaurants, die du mit deinem Kind ausprobieren willst

MACH EINEN MUSIK-MIXTAPE MIT DER MUSIK, DIE DU GERADE SEHR GERN HÖRST.

INS AUTOKINO GEHEN ☐

INS OPEN-AIR-KINO GEHEN ☐

INS KINO GEHEN ☐

Tipps und Tricks:

1. Bei schmerzenden Brüsten BH ins Kühlfach legen

2. Viele Frauen schwören auf Bananen bei Schwangerschaftskrämpfen

3. Kinesio Tape (von Sportlern genutzt) kann deinen Bauch stark entlasten

4. Elektrolyt-Eiswürfel gegen Übelkeit

5. **Bequeme Schuhe**
Hole dir Schuhe, in die du einfach reinschlüpfen kannst. Das wirst du auf jeden Fall brauchen, wenn du deine Schuhe nicht mehr binden kannst!

6. Ein Bauchband ist unglaublich hilfreich um T-Shirts, die du bereits besitzt, einfach zu verlängern. Um nicht noch etwas kaufen zu müssen, kannst du dir den auch leicht zuhause selber machen. Einfach ein festes Top nehmen und den oberen Teil abschneiden und voilà!

7. Hebe beim Pinkeln deinen Babybauch etwas an und versuche, dabei möglichst gerade zu sitzen. Nur so wird die Blase vollständig entleert und du kannst für ein paar Stunden ohne Störung schlafen.

8. Brausebonbons sollen bei Übelkeit in der Schwangerschaft helfen.

9. Pfefferminzöl lindert Schmerzen an den Beinen und deinen Gelenken. Auch gegen Kopfschmerzen helfen ein paar Tropfen an der Schläfe.

DIE VERRÜCKTESTEN SCHWANGERSCHAFTS-ESSENS-KOMBINATIONEN AUSPROBIEREN:

VIELLEICHT GEFALLEN DIR JA EIN PAAR KOMBINATIONEN

1. SAURE GURKEN MIT NUTELLA
2. SCHIMMELKÄSE MIT HONIG
3. EIS MIT CHIPS
4. ERDNUSSBUTTER UND SAURE GURKEN
5. PIZZA MIT BANANE
6. KÄSEBROT MIT MARMELADE
7. KÄSEBROT MIT NUTELLA
8. BACON UMSCHLIEßT BANANE → BRATEN
9. KNOPPERS MIT FRISCHKÄSE BESCHMIEREN
10. WEINTRAUBEN UND SALZ
11. TOMATEN MIT ZUCKER
12. POPCORN MIT GEWÜRZGURKENSAFT (KURZ EINGETAUCHT)
13. POMMES ODER CHICKEN MCNUGGETS UND MCFLURRY
14. BRÖTCHEN MIT FRISCHKÄSE, SALAT UND NUTELLA
15. MILCH MIT ORANGENSAFT
16. TOAST MIT ERDNUSSBUTTER UND MAYONNAISE
17. BROT MIT SALAMI UND NUTELLA
18. NUDELN MIT COCA COLA
19. COOKIES MIT KNOBLAUCHCREME

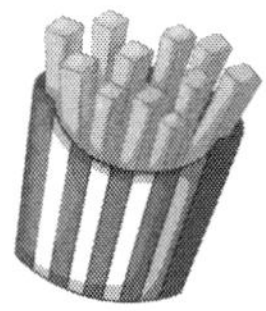

FRAGERUNDE 2

1. Wie fühlst du dich zurzeit?
2. Was liebst du am meisten an deiner Schwangerschaft zur Zeit?
3. Welche Schwangerschaftssymptome sind bei dir am schlimmsten?
4. Was hat sich seit dem 2. Trimester geändert? Gibt es Unterschiede zum 1. Trimester?
5. Wovor hast du am meisten Angst?
6. Was erwartest du vom 3. Trimester?
7. Was hat dir im 1. Trimester sehr geholfen?
8. Wie sieht dein Alltag aus?
9. Wie ist deine Beziehung zu deinen Freunden und deiner Familie?
10. Gab es in deiner Schwangerschaft bis jetzt Momente der Überforderung?
11. Wer hat dir am meisten geholfen?
12. Was vermisst du gerade sehr?

Deine Beschäftigung, wenn du gerade Langeweile hast:

1.

2.

3.

4.

5.

Deine Beschäftigung, wenn du nachts aufwachst und nicht schlafen kannst:

1.

2.

3.

4.

5.

Deine verrücktesten Essenskombinationen:

1.

2.

3.

4.

5.

ALPAKA-WANDERUNG

NEUE BINGESERIE ANSCHAUEN ☐

MORPHE DAS GESICHT VON DIR UND DEINEM PARTNER, UM ZU SCHAUEN, WIE DEIN KIND AUSSEHEN WIRD. (DEIN KIND WIRD NATÜRLICH NICHT SO AUSSEHEN!)

☐

KRANKENHAUSTASCHE
PACKEN

☐

KRANKENHAUS AUSWÄHLEN: ☐

____

____

____

Die dümmsten Schwangerschaftstipps, die Frauen während der Schwangerschaft erhalten haben

„Gib deinen Hund oder deine Katze über die Schwangerschaft weg, weil sie Krankheiten übertragen"

„Hebe deine Hände nicht hoch. Sonst erstickt das Kind im Bauch."

„Hebe deine Hände nicht hoch, sonst kommt das Baby raus"

Die dümmsten Tipps, die du je erhalten hast! ☐

Party veranstalten ☐

Mache ein Schwangerschafts-Quiz ☐

DIY-Projekt mit Partner starten und Babymöbel selbst bauen ☐

Bestelle die verrücktesten Essenskombinationen beim Fast-Food-Drive-In ☐

KOCHE ETWAS SEHR **KREATIVES UND VERRÜCKTES.** ☐

(LASS DICH GERNE DURCH SOCIAL MEDIA INSPIRIEREN)

ALKOHOLFREIEN COCKTAIL-ABEND VERANSTALTEN

Umarme dein Haustier

und nutze die Zeit, um deinem Haustier viel Zuneigung zu geben.

Auf keinen Fall aus Langeweile ein Haustier anschaffen!

☐

Nutze deine Langeweile, um allen Menschen, die du lieb hast, einen Liebesbrief zu schreiben.

☐

Film drehen für Kind mit ☐ Partner

MALE DICH UND DEINEN PARTNER ☐

WERDE DETEKTIV UND FINDE HERAUS, WIE DEIN FAMILIENSTAMMBAUM AUSSIEHT!

Male deinen **Familienstammbaum** hierhin:

Wie würde dein Buch heißen, wenn du ein Buch über deine Zeit als Schwangere schreiben würdest?

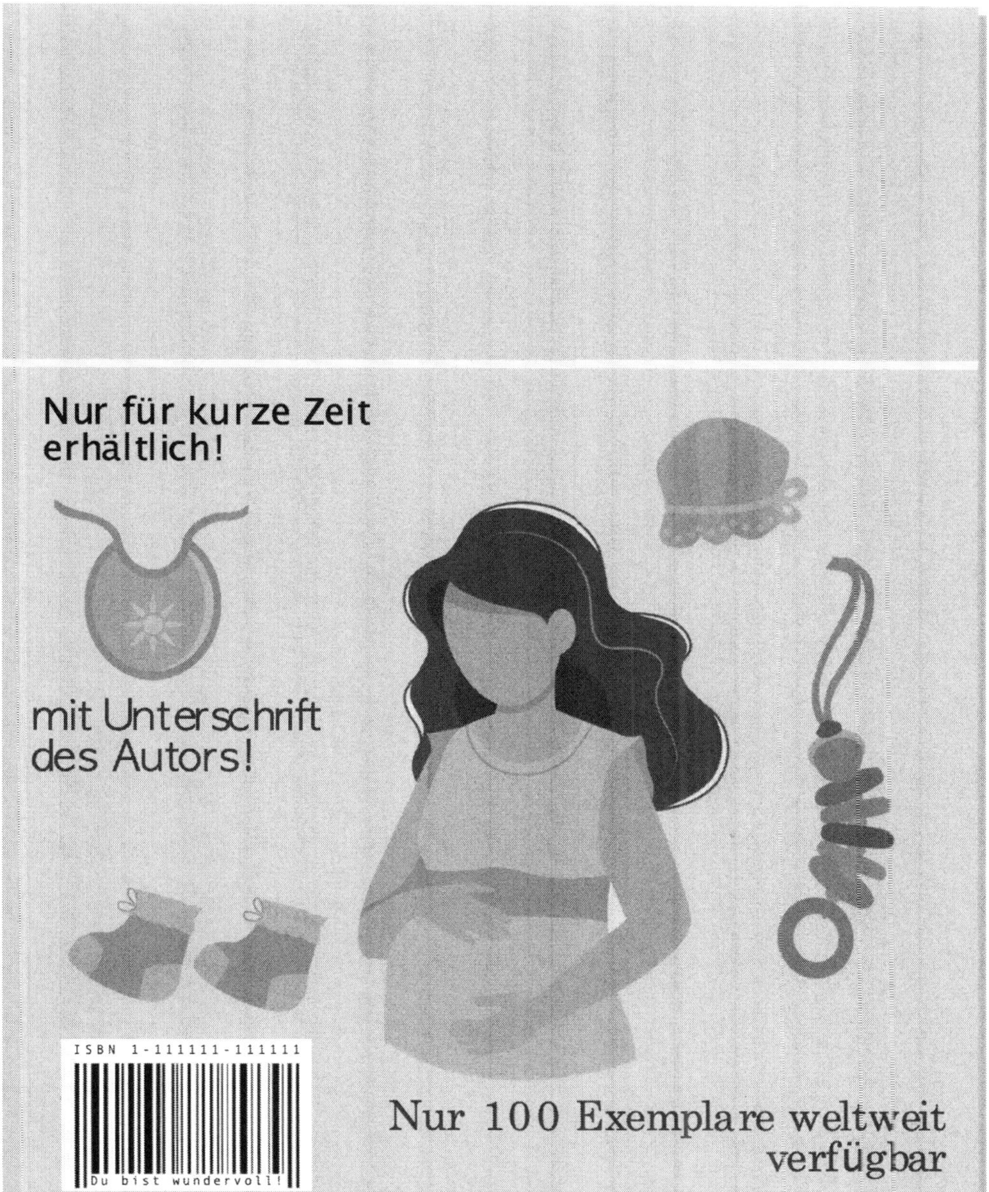

Mache eine Sache, für die du bis jetzt noch nie Zeit hattest! ☐

Nimm dir einen ganzen Tag nur mit deinem Partner ☐

Probiere etwas Verrücktes, Sexuelles aus ☐

Aus-dem-Bett-geh-Verbot für einen ganzen Tag ☐

☐ MALE **ABSTRAKTE BILDER** AUF LEINWÄNDE

DIY-GIBSABDRUCK-SET FÜR DEINEN BAUCH ☐

☐ **LERNE ZU ATMEN!**

DAS KLINGT ERST EINMAL KOMISCH, IST ES ABER NICHT. ATMEN, VOR ALLEM DIE RICHTIGE ATMUNGSTECHNIK, HILFT EXTREM BEI DER GEBURT. DAHER SOLLTE DIE ÜBUNG IN DIESEM SEKTOR NICHT ZU KURZ KOMMEN.

Kurs belegen:

Schwimmen

☐

& Yoga ☐

☐

Mache zu Hause jeden Tag 10 Minuten Yoga.

Witzige Fakten über die Schwangerschaft

1. Das Baby könne bereits im Bauch weinen.

2. Wenn Schwangere oder auch junge Mütter ein Kind schreien hören, stoßen ihre Brüste Milch aus.

3. 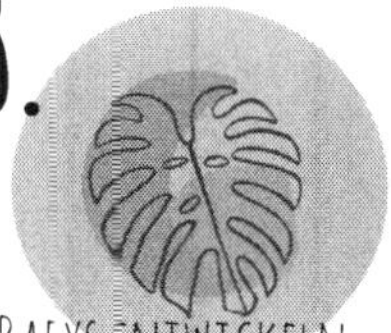

Babys entwickeln bereits im Bauch der Mutter in der 16. Woche einen individuellen Fingerabdruck.

4. Eine schwangere Frau hat ungefähr 50% mehr Blut als eine nicht schwangere Frau!

5. Es ist bewiesen, dass die Stimulation deiner Brustwarzen, Wehen auslösen kann.

6. Herz und Füße wachsen in deiner Schwangerschaft an

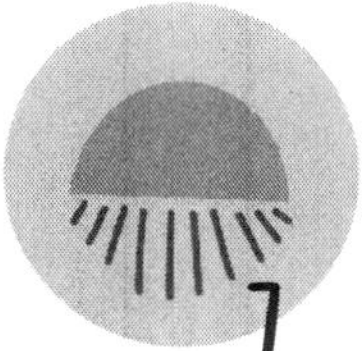

7. Die längste Schwangerschaft aller Zeiten dauerte ein Jahr und 10 Tage.

8. Babys im Bauch pinkeln bereits ab der achten Woche in das Fruchtwasser. Witzig ist, dass sie das Fruchtwasser ab der zehnten Woche trinken und somit eine Mischung aus ihrem eigenen Urin und Fruchtwasser zu sich nehmen!

9. 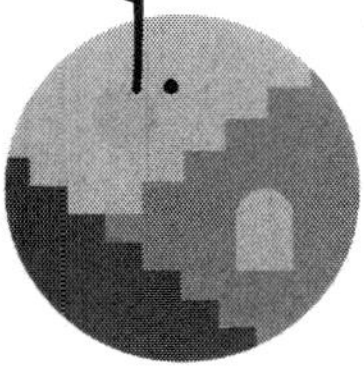

Die Gebärmutter ist vor der Geburt so klein wie eine normal große Faust. Während der Schwangerschaft nimmt der Muskel jedoch so sehr zu, dass er zu dem größten Muskel im Körper wird.

GEH IN DEINE SPEISEKAMMER UND SCHAU NACH, WAS SCHON LÄNGER DA LIEGT UND KOCHE DAMIT ETWAS SCHÖNES.

☐

SCHREIBE 3 BRIEFE AN DAS ZUKÜNFTIGE ICH DEINES BABYS. MIT 15, 18 UND 21 SOLL DEIN KIND DANN DIE BRIEFE ERHALTEN.

☐

BESORGE DIR EIN PAAR ELTERNRATGEBER UND ÜBERLEGE DIR, WIE DU DEIN KIND ERZIEHEN WILLST.

☐

SCHREIBE 3 BRIEFE AN DEIN ZUKÜNFTIGES ICH. WAS ERHOFFST DU DIR VON DER ZUKUNFT? WORFÜR BIST DU DANKBAR? WORAUF FREUST DU DICH?

☐

Professionelles Fotoshooting ☐

Privates Fotoshooting mit deinem Partner

☐

WANDMALEREI

WÄHLE EINE WAND DEINES HAUSES/ DEINER WOHNUNG AUS UND MALE SIE AN! WENN DU ANGST DAVOR HAST, ETWAS HÄSSLICH ZU MACHEN, WÄHLE EINE WAND AUS, DIE NICHT ZU GROß IST UND DIE NICHT JEDER SOFORT SIEHT. ZUR NOT KANNST DU SIE AUCH IMMER WIEDER NEU ANSTREICHEN.

EIN "JA"-TAG

DEIN PARTNER MUSS AN EINEM TAG ALLEN DEINEN WÜNSCHEN ZUSTIMMEN.

Challenge Time! ☐

Eine Woche lang darfst du jeden Tag nur die Farbe tragen, die angegeben ist. Von der Unterwäsche bis hin zur Kleidung muss alles in ein und derselben Farbe sein!

Montag: **Rot** ☐

Dienstag: **Beige** ☐

Mittwoch: **Weiß** ☐

Donnerstag: **Schwarz** ☐

Freitag: **Gelb** ☐

Samstag: **Blau** ☐

Sonntag: **Grün** ☐

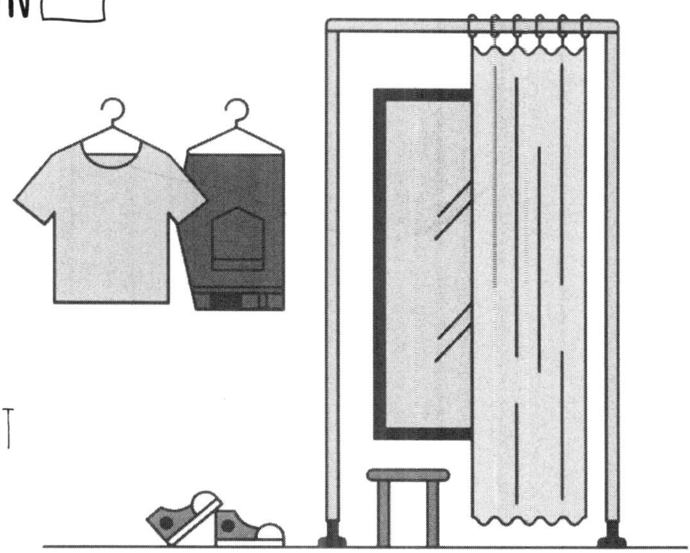

Keine Sorge, wenn du ein Kleidungsstück gar nicht findest, darfst du etwas mogeln...

Rufe ein paar alte Freunde an, mit denen du seit langem keinen Kontakt mehr hattest!

☐

Nimm dir ein ganzes Wochenende Zeit, um es intensiv mit deiner Familie zu verbringen.

☐

Nimm dir ein ganzes Wochenende Zeit, um es intensiv mit deinen Freunden zu verbringen.

☐

ROMANTISCHES DATE ☐

MUSEUM ODER OPER/THEATER BESUCHEN ☐

NIMM AN EINEM LOKALEN PROJEKT TEIL! WELCHES PROJEKT DU NIMMST, LIEGT VOLLKOMMEN IN DEINER HAND. ☐

☐ ERSTELLE EIN PERSONALISIERTES FOTOALBUM VON DEINER ZEIT BIS JETZT! MITTLERWEILE GIBT ES ONLINE VIELE TOLLE MÖGLICHKEITEN.

- [ ] Babyflohmarkt besuchen

- [ ] Umstandsmode shoppen
- [ ] Baby-Erstausstattung

Mache aus deinem Heim oder aus einem seiner Zimmer einen Dschungel. Pflanze viele Heimpflanzen und pflege sie!

☐

☐

Fange an, ein neue interessantes Buch an zu lesen. ☐

Zeit für einen romantischen Roman!

10 Minuten Meditation pro Tag ☐

Erwartung vs. Realität aus dem besten Magazin Deutschlands!

MALE DICH ALS TITELFIGUR IN REALITÄT REIN. WIE SIEHT DEINE SCHWANGERE REALITÄT AUS?

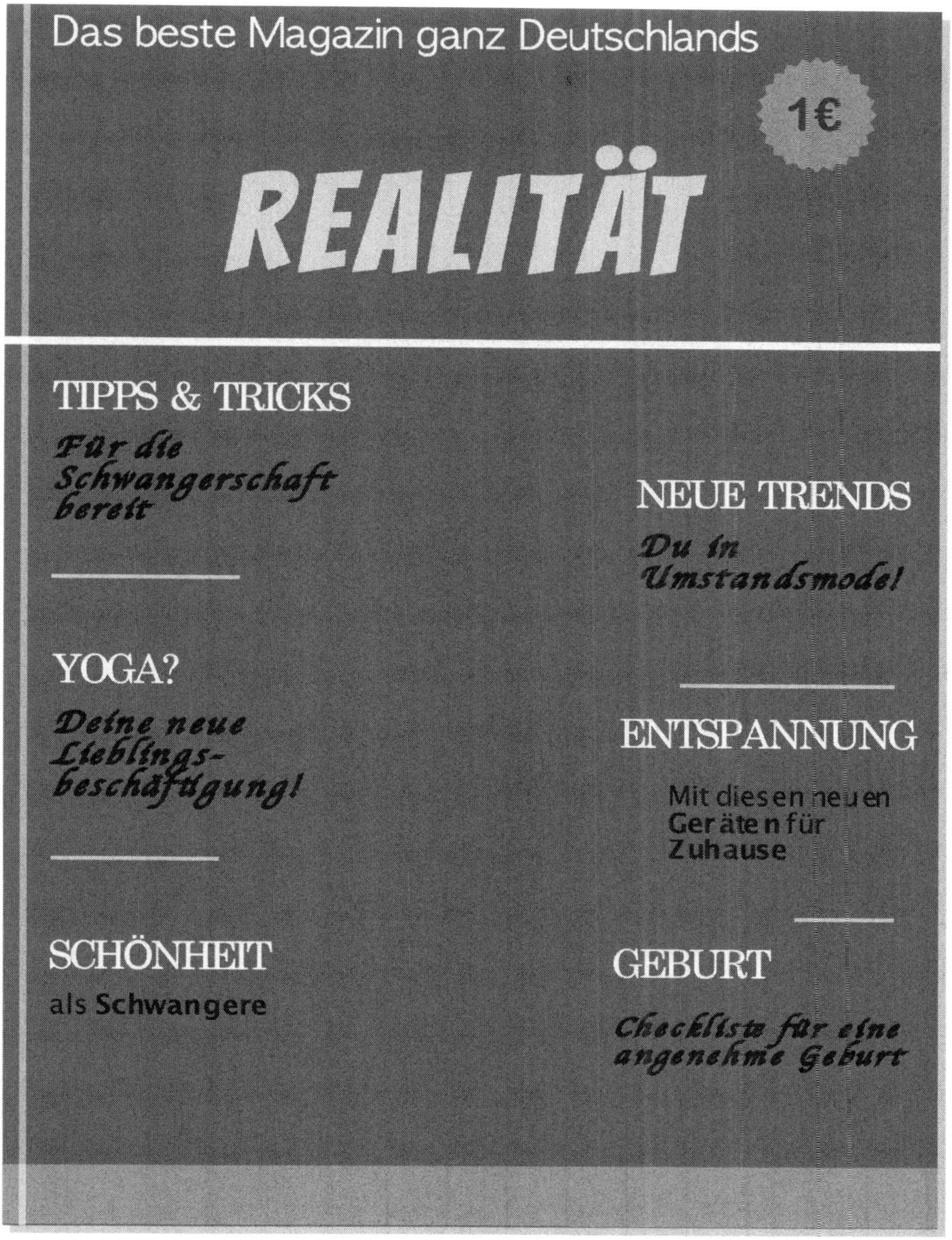

Rede mit deinem Baby im Bauch.

☐

Nimm dir an einem Abend frei, verwöhne deinen Körper und vor allem deinen Bauch.

☐

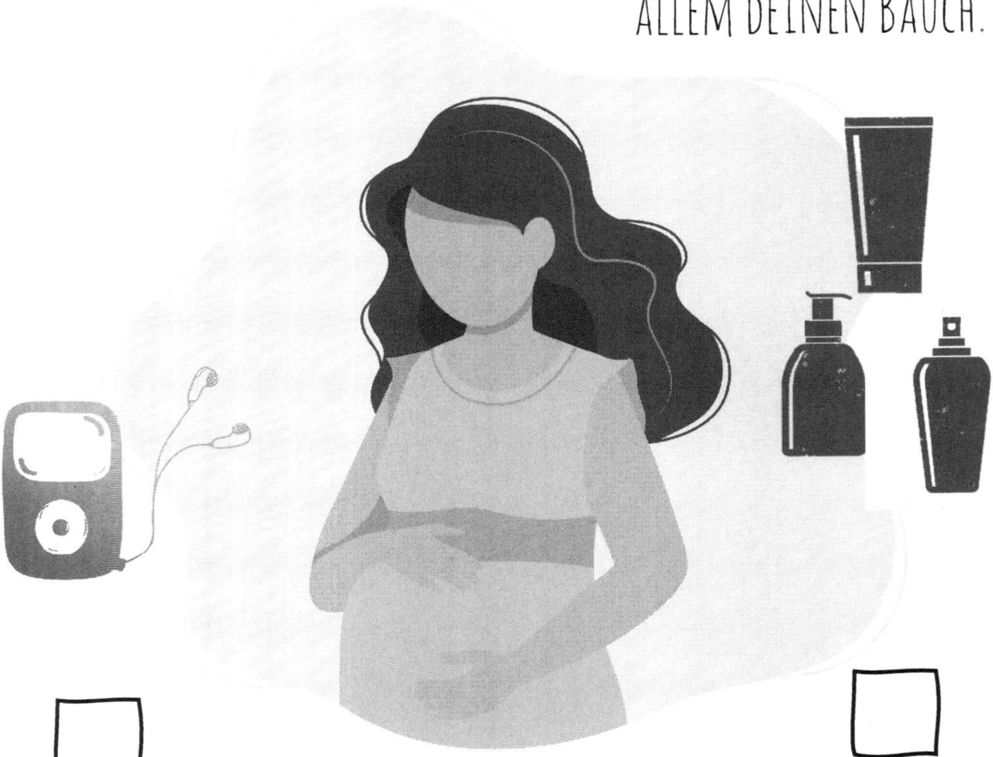

☐

Spiele deinem Baby Musik vor.

☐

Hinlegen und deinen Körper und das Baby spüren

Guck dir deine Haushaltsgeräte an. Wofür kannst du eine Alternative finden, die besser für die Umwelt ist?

Z.B. kannst du für Putzmittel zur Reinigung deines Heims oder auch für Waschpulver viel bessere Alternative n finden

APROPOS WASCHPULVER: EIN NATÜRLICHES WASCHMITTEL IST FÜR DIE KLEIDUNG DES KINDES UND AUCH FÜR DIE DER ELTERN WICHTIG, WEIL DAS BABY DAMIT VIEL IM KONTAKT KOMMT.

Bereite die Wohnung so vor, dass dein Kind darin leben kann, entferne z.B. scharfe Kanten!

BABYNAMEN DURCHSTÖBERN

DEINE FAVORITEN:

DEINE FAMILIE IM LETZTEN TRIMESTER DAMIT VERÄPPELN, DASS DEIN KIND IM ANMARSCH IST

LIEDER AUSWÄHLEN, DIE DU JEDEN TAG ALS RITUAL AUF DEN BAUCH LEGST (DAS KIND KANN AB DER 24. WOCHE HÖREN)

BABYBAUCH BEMALEN

Lasse eine Karikatur von dir und deiner Familie malen.

Male eine Karikaur von dir und deiner Familie.

Lasse ein professionelles Bild von dir, mit deiner Familie oder mit deinem Partner malen.

KÖRPERBEMALUNG ☐

MALE DICH UND DEINEN PARTNER AN. MACHE AUS EUREN KÖRPERN EIN KUNSTWERK!

WEHENSIMULATOR FÜR DEINEN PARTNER ☐

SETZTE DEINEM PARTNER DIE SIMULATOREN AN DEN KÖRPER IM BAUCHBEREICH UND NEHME DIE KONTROLLE ÜBER DIE BEDIENUNG!

ES GIBT ELEKTRISCHE SIMULATOREN, DIE WEHENSCHMERZEN SIMULIEREN KÖNNEN. NATÜRLICH WERDEN DIESE NIEMALS GENAUSO SCHMERZEN. ABER SPAß KANN MAN MIT IHNEN AUF JEDEN FALL HABEN!

MACHE EINE LISTE VON DINGEN, DIE SCHON SEIT LÄNGEREM REPARIERT WERDEN MÜSSEN UND REPARIERE SIE: ☐

Mache ein sexy Fotoshoot

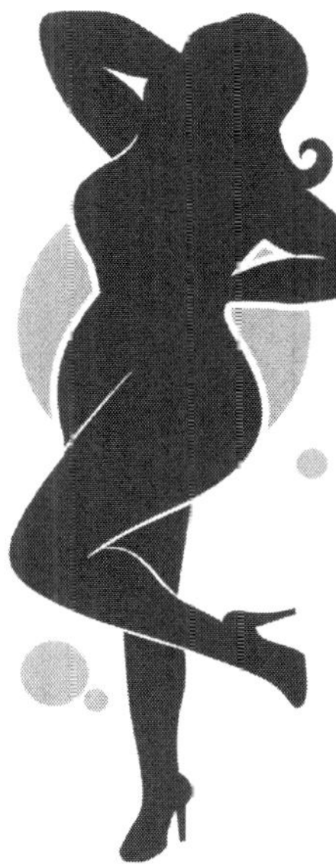

In der Schwangerschaft verändert sich alles. Um dein neues Ich bewundern zu können, ist ein sexy Fotoshoot eine tolle Möglichkeit.

☐

Geh für eine Stunde zum Therapeuten!

☐

Das mag erstmal unlogisch klingen, wenn alles gut läuft. Aber eine Therapiestunde hilft immer! Da kannst du über die Schwangerschaft, deine Ängste und die Veränderung durch die Schwangerschaft reden.

Kaufe für euch Mama- und Papa-Shirts.

☐

Spare mit deinem Partner zusammen auf einen Traum hin und erfüllt ihn euch. ☐

Gehe zu einer Verkostung deines ☐ Beliebens.

Picknick machen ☐

Während eines Sonnenuntergangs ☐

Auf einer verlassenen Wiese ☐

Auf einem Berg ☐

BABY-SHOWER-PARTY ☐

KAUFE DIR EIN NEUES GESELLSCHAFTSSPIEL UND VERANSTALTE EINEN ABEND MIT ENGEN FREUNDEN, UM DAS SPIEL AUSZUPROBIEREN.

WECHSLE ZUM LIEFERSERVICE BZW. ZUM ABHOLSERVICE

WENN DU SCHWANGER BIST, IST EINKAUFEN SEHR ANSTRENGEND. LEICHTER IST ES, WENN DU DEINE LEBENSMITTEL ONLINE BESTELLST UND DEIN PARTNER SIE ENTWEDER ABHOLEN GEHT ODER DU SIE NACHHAUSE LIEFERN LÄSST.

BEGINNE MIT WASSERGYMNASTIK

LERNE EINE NEUE SPRACHE

INFORMIERE DICH GENAU ÜBER DEINE ERNÄHRUNG UND DARÜBER, WAS DU ALS SCHWANGERE BRAUCHST.

Gerichte vorkochen und einfrieren (am besten so viele, wie in dein Gefrierfach passen)

Geld beiseite legen und eigenes Konto für Baby anlegen

Bereite dein Handy vor

Lösche Apps, die du schon länger nicht mehr nutzt. Lösche überflüssige Fotos. Lade dir ein paar gute Mama- Apps herunter.

FRAGERUNDE 3

1. Wie fühlst du dich gerade?
2. Hast du dich als Mensch verändert?
3. Was liebst du zurzeit am meisten an deiner Schwangerschaft?
4. Welche Schwangerschaftssymptome sind bei dir gerade am schlimmsten?
5. Was würdest du einer schwangeren Frau im ersten oder zweiten Trimester raten?
6. Was würdest du das nächste Mal anders machen?
7. Worauf freust du dich am meisten, wenn dein Kind da ist?
8. Was hat sich seit dem 3. Trimester geändert? Gibt es Unterschiede zum 1. oder 2. Trimester?
9. Was war bis jetzt die prägendste Erfahrung in deiner Schwangerschaft?
10. Fühlst du dich "Mama-bereit"? Fühlt sich dein Partner bereit?
11. Fühlst du dich bereit für die Geburt deines Kindes?

Deine peinlichsten **Schwangerschaftsmomente:**

1.

2.

3.

4.

5.

Deine schönsten **Schwangerschaftsmomente:**

1.

2.

3.

4.

5.

Diese 5 Dinge will ich, kann ich aber nicht machen:

1.

2.

3.

4.

5.

FÜR EIGENE BUCKET-LIST-IDEEN:

Idee ☐

Idee ☐

Idee ☐

Idee ☐

Idee ☐

FÜR EIGENE BUCKET-LIST-IDEEN:

Idee ☐

Idee ☐

Idee ☐

Idee ☐

Idee ☐

FÜR EIGENE BUCKET-LIST-IDEEN:

Idee ☐

Idee ☐

Idee ☐

Idee ☐

Idee ☐

Was hast du über deine Schwangerschaft gelernt?

WELCHE CHALLENGES UND IDEEN HABEN DIR AM BESTEN GEFALLEN UND WIRST DU SIE WIEDERHOLEN?

VIEL SPAß MIT DEN

TOLLSTEN MENSCHEN DER WELT!!

Auf DICH warten zwei weitere tolle Ideenlisten voller kreativer und origineller Aufgaben und Challenges!

Scan mich!

ISBN: 979-8671617573

Humor ist ein wichtiger Teil jeder Beziehung! Daher ist die Bucket List mit viel Humor und Liebe geschrieben worden. Abbildungen und Grafiken verstärken dabei die humorvollen Ideen. Dich erwartet außerdem:

- Mehr als 200 kreative und originelle Ideen bzw. Aufgaben zum Nachmachen
- Viele einzigartige Seiten zum „Zusammenausfüllen"
- Mit **Liebe** und **Humor** geschrieben!
- Super Hochzeitsgeschenk für das Brautpaar

Oder die S** Bucket List für Paare...

Scan mich!

ISBN: 979-8671617573

Was du erwarten kannst:

- „Out of the box" kreative Ideen für Paare
- **Humorvoll** geschriebenes Ideenbuch
- Mehr als 100 Sex Bucket List Ideen, sexuelle Erfahrungen für Sie und Ihren Partner mehr als 100 Dinge, die jedes Paar einmal gemacht haben sollte
- Eine Liste der Sexspielzeuge, die Sie haben müssen
- Eine Liste von 102 Sexualpositionen zum Ausprobieren
- Abschnitt zur Reflexion zusammen
- Beste Urlaubsorte für sexuell abenteuerlustige Paare

Printed in Poland
by Amazon Fulfillment
Poland Sp. z o.o., Wrocław

78241318R00049